AUX SOURCES DE LA PRÉSENCE

« Espaces libres »

DU MÊME AUTEUR

Être ou Avoir, épuisé.

Un et Nu, épuisé.

Le Fou et le Créateur, coll. « Spiritualités vivantes »,
   Albin Michel.

Offrande (Photographies de Daniel Pons, textes
   extraits de *Le Fou et le Créateur*), Album « Spiritualités vivantes », Albin Michel/Sève.

Sur l'œuvre de Daniel Pons :

Daniel Pons, le chant d'un homme présent, par Jean
   Mouttapa, Éditions de la Table Ronde, 1990.

Un et Nu. Daniel Pons ou l'éveil de l'être, collectif
   (André Chouraqui, Annick de Souzenelle, Jean-
   Yves Leloup...) *Question de* n° 86, 1991.

DANIEL PONS

AUX SOURCES
DE LA PRÉSENCE

Lorsque le dernier naïf mourra,
l'équilibre de notre planète
ne sera plus assuré.

Albin Michel

Collection « Espaces libres »
dirigée par Marc de Smedt

Première édition
© Sève-Éditions, 1985 et 1987.

Édition au format de poche :
© Éditions Albin Michel S.A., 1991
22, rue Huyghens, 75014 Paris

ISBN : 2-226-05434-0
ISSN : 1147-3762

A ma fille Frédérique,
A Daniel, Vincent, Marc, Marie et Hélène.

Un livre représente sinon un moment privilégié dans la vie d'un écrivain, du moins un temps fort où celui-ci s'interroge. Chez Daniel Pons, on ne décèle nulle trace de nostalgie du passé, nulle fuite tendue vers l'avenir. Ce qui frappe au contraire est l'adhérence au présent immédiat, au « maintenant », qu'il tient des deux mains fermement et pourtant sans nulle crispation. Adhérence et adhésion à une vie qui est incessante émergence, incessant émerveillement. Cette double disposition d'esprit : faire un bilan et se tenir à proximité du vivant s'inscrit dans le titre : Aux Sources de la Présence. *Pourtant, s'il y a ressourcement réflexif, retour au filet d'eau originel, il y a tout autant accomplissement de l'existence qui débouche sur l'estuaire d'une prise de conscience globale de soi et de l'Univers : livre de plénitude.*

Livre de mise au point aussi, confirmation d'un itinéraire, réitération et reformulation à la fois, qui élucident, affinent et confirment des options et des intuitions bien antérieures, soutènement de tout un itinéraire de vie.

L'artiste exalte, non dans un lyrisme d'exaltation factice, mais dans un mouvement d'élévation qui tire le lecteur vers le haut, qui le rehausse. Non que

Daniel Pons propage un quelconque idéalisme : il colle trop au réel le plus quotidien, le plus déchirant, le plus aliénant parfois ; non qu'il hausse le ton : il hausse le niveau. Il ne se dégage pas du monde ; du monde discursif aliénant il dégage l'homme, l'être profond. Il consent à l'existence et à la fois, il n'est pas consentant. Vivre certes, il le veut, mais vivre plus, être. Poussé par une dynamique intérieure, Daniel Pons exprime moins ce que l'homme est que ce qu'il a à être. Sa démarche procède d'une exigence impérieuse de dépassement qui n'est ni impératif moral ni impérialisme idéologique. Pure disponibilité, perméabilité à l'être, la pensée se refuse à être la projection d'une voie et d'une vérité qui ne seraient qu'illusoire mainmise de l'intellect. L'écriture est cri, car qui l'écrit est impliqué dans ce qu'il énonce. L'écriture est encore maîtrise, rigueur et intensité, acuité et condensation. Elle relève du gnomique, et par sa brièveté et sa fulgurance, est en général plus proche de l'aphorisme que de la sentence.

Remettre la vie en place ne peut se faire que si l'on remet les mots en place. La parole exprime ce qui est vécu. Impropre, elle trahit forcément l'impropriété partielle de l'expérience. Daniel Pons se fonde sur la conviction et l'expérience que la dualité — ou mieux le dualisme — n'existe pas, pas plus que la clarté, faussement évidente, du simplisme. L'emploi du paradoxe vise précisément à maintenir la tension entre des vérités complémentaires qui, exclusives, deviendraient réductionnistes. Refus de la simplifica-

tion, mais éloge de la naïveté, fraîcheur d'innocence et de transparence lucides. Refus du confus et de l'approximatif, mais éloge d'une clarté, à la fois claire et nuancée, d'une authentique complexité.

On ne donne que dans la mesure où l'on Est ; et pourtant l'auteur ose aussi prétendre : « Tu n'es que par ce que tu transmets et non par ce tu crois être » : discernement. La reconnaissance honnête de la pesanteur, de la faiblesse, de l'instable, du quantitatif, des apparences, va de pair avec un dépassement de la condition au travers de la non-pesanteur, la force, le stable, la qualité, l'essence.

Le livre culmine dans une volonté d'union avec la vie, avec les êtres, ce que Daniel Pons appelle une « relation de qualité ». Elle implique fusion et refus de la confusion, une simplicité suprême qui allie et point n'aliène. Dans ce « double unique » cohabitent solitude invincible et amour irrépressible. Amour-acte, à l'image de l'écriture qui elle aussi est acte : acte de parole.

Camille JORDENS
Professeur à l'Université catholique
de Louvain (Leuven)

Les fleurs coupées ne meurent pas...

L'été de l'année 1985, de juillet à septembre, malgré la maladie et en dépit des lourds traitements médicaux, il put écrire de sa main les pages que voici, dernières gouttes de lumière déposées par Daniel Pons sur une œuvre déjà considérable. Je pense bien entendu à ses œuvres écrites : « Être ou Avoir », « Un et Nu », et surtout à ce livre où il se met à nu dans l'éblouissement de sa vision : « Le Fou et le Créateur », mais aussi à son œuvre picturale où éclate un même génie, un même regard qui sait voir l'instant, le : « ceci, ici, maintenant » des contemplatifs d'Extrême-Orient.

Camille Jordens parle justement ici « d'une prise de conscience globale de soi et de l'univers » ; certes, mais davantage encore d'une prise de conscience qui aboutit à la perfection d'une œuvre achevée.

Daniel Pons à défaut de faire le pèlerinage de Jérusalem, qu'il souhaitait depuis si longtemps, nous y a délégué ses œuvres picturales : le poète, visiblement, s'y révèle comme un artiste qui a su renouveler l'art photographique, sur cette ligne de crête qui se situe *entre le tableau abstrait et la vision réaliste du monde phénoménal.*

Voici les dernières lignes de Daniel Pons, il les a écrites à une heure où plus que jamais, il était confronté au mystère de la vie et de la mort, au pourquoi de notre présence sur terre. Son style revêt alors son plus profond dépouillement, sa plus grande simplicité. Les mots qui se pressent dans son esprit et coulent de sa plume sont les plus concrets, les plus précis, les plus simples : églantine, mer, rose, oiseau, scarabée, goutte de pluie, de rosée, rossignol, chant... Cet inventaire, s'il était continu, décrirait le somptueux paysage intérieur d'un poète en ce « Vol migrateur » où il pénétrait, lucide et vivant, dans son éternité...

Écrivain, artiste, Pons l'était certainement, mais d'une manière unique : le message qui l'habitait, il en était le porteur davantage que l'auteur, comme s'il le recevait d'en-haut de ces voix qui l'inspiraient et qui semblaient venir d'ailleurs. Un ailleurs qu'il a désormais rejoint en son grand vol migrateur vers cette pérennité qu'il n'a cessé de chanter.

Comme ces « Fleurs coupées qui ne meurent pas sur le coup » son agonie elle-même demeurait une source de beauté pour nous, dans la pérennité de son chant à jamais présent dans ses œuvres et dans le cœur de tous ceux qui l'ont connu et ne cessent de l'aimer.

André CHOURAQUI

Paradoxal mais clair

Paradoxal, mais clair : ce sont les êtres les moins pesants qui ont laissé sur terre l'empreinte la plus forte.

Un est toujours plus, mais reste UN.

Le simple n'est pas à la portée de tout le monde, mais dans le cœur de chacun.

La poétique est une rigueur libre qui permet de trouver un équilibre dans le déséquilibre : un équilibre hors dogme.

Ce que je voudrais exprimer : l'harmonie rayonnante d'un flocon de neige ; mais dès que je le serre dans ma main il fond...

La répétition du temps n'est pas insipide : chaque aube est « origine » pour celui qui sait voir.

Le paradoxe est la voie simple par laquelle on peut accéder au deux : le duel, clairement exprimé, nous fait pressentir l'Un sans ambiguïté. Une fois la conscience élargie par la reconnaissance vraie du deux, elle est cette conscience plus apte à recevoir l'intuition de l'Un. Et, lorsque l'Un émerge du conscient, il inscrit dans le cœur de l'homme une certitude relative-absolue.

J'opte pour l'homme sincère d'où qu'il vienne... Un homme de bonne volonté peut éprouver un dualisme à l'intérieur de son dogme ; mais s'il est sincère, j'opte pour sa sincérité.

Le naïf, par un manichéisme non empêché, prend parti pour le Tout ; pour l'Un.

Ce qu'il y a de grand chez le simple est infime : c'est une bribe de qualité, non quantifiable.

Le créateur humain, par son œuvre, rend tangibles, palpables, ses plus profondes intuitions. Il rend concret ce qui, par définition, ne l'est pas.

« Violon » - Vis au long de ses cordes sensibles, vibre au son de sa voix Une, jaillie des quatre, au nom de l'Un qui unit, sans uniformiser.

Se souvenir, c'est retrouver, au plus profond de soi, une source vive qui a pour nom : présent.

L'Un, lumineux en soi, est, paradoxalement, à la quête de lueurs fugitives.

La sensibilité absolue est vibration fixe par perméabilité.

C'est aux confins du déséquilibre que le créateur humain trouve un équilibre qui lui permet de danser, en chantant et en riant, sur un fil...

Simple sans être simpliste,
Sensible sans sensiblerie,
Naïf mais pas dupe,
Paradoxal, mais clair !

Sans la pensée paradoxale, le monde serait une parcelle régie par des lois uniquement mécaniques.

Le chant qui émane du cœur de la matière ne peut être transcrit sur papier à musique, que si celui qui veut transcrire prend comme clef un point d'interrogation.

Sagesse et enthousiasme sont compatibles.

« Apologie de l'homme paradoxal » :
L'homme, cet hyper-complexe, deviendra une mécanique totalement déterminée si, bafouant les fibres les plus intimes de sa complexité, il s'entête à vivre avec la partie de lui-même qui le fait évoluer sans risque véritable. Mais l'homme courageux qui affronte les fibres les plus subtiles de sa complexité, reçoit de ses profondeurs un message qui l'invite à se manifester comme être paradoxal, voyant la norme comme une mouvance apte à évoluer par nécessité, et cette nécessité-là dit : « Connais, puis emploie au mieux, ce qui te com-

pose, et ce dans le but d'atteindre une étape au cours de laquelle tu pourras voir que seul est nécessaire ce qui fait progresser vers la lumière. La lumière qui, par l'intermédiaire de la conscience, fait voir dans le noir de l'être, les fibres les plus subtiles, les plus intelligentes : les fibres qui chantent, dansent et rient l'immortalité ! »

Vibrer les mots... Faire qu'ils soient vecteurs d'une médiation immédiate !

On meurt dans une larme, si elle n'est pas égocentrique, pour renaître plus.

Ne pas confondre :
confus et complexe

L'intelligence comprend moins de cœur, que le cœur ne contient d'intelligence.

L'homme a remplacé la danse, le chant et le rire, par une théorie, la pire : celle qui veut tout expliquer par la causalité.

Élever au niveau du simple le complexe par l'acte poétique, est une nécessité quant à combattre le confus d'où émanent tous les tics. En fait, éclairer le complexe à la lumière du simple évite le piège du simplisme ; le simplisme, sinistre générateur de confus.

La physique nucléaire est une complexité non maîtrisée, dont les effets négatifs posent le problème du confus.

Le sentir profond, violent, de la vie et de la mort donne au chef-d'œuvre son rythme, ses vibrations, sa complexité : le simple ! Le simple, cette esquisse d'absolu... l'absolu cette suprême épure !

Vibrer une relation de qualité peut nous conduire du complexe au simple, en évitant le piège du confus.

Il existe un ensemble clos, vide d'interrelations de qualité : le domaine des « ismes ».

Sous peine de devenir confus, il nous faut aborder notre complexité sur la pointe du cœur.

Un discours qui se prétend complexe, se situant hors du sensible, débouche toujours sur le confus... l'absurde.

Du complexe au simple par l'intelligence du cœur.

« Complexe-confus » - Piège, risque considérable d'aboutir à la confusion en voulant expliquer de façon exhaustive, le complexe.

« Confus-simple » - Incompatibilité entre les deux, rejet, comme un organe greffé sur un corps qui lui est totalement étranger.

« Le couple complexe-simple » - Compatibilité. Le simple comprend le complexe et sait qu'il est inutile, voire impossible, de l'expliciter de façon exhaustive, sous peine de confusion. Le simple sait qu'au cœur du complexe vit un point d'interrogation qui se répète éternellement.

Nous venons du simple, c'est-à-dire de l'Un absolument relié, passons par le complexe, devons éviter le confus, afin de retourner au simple.

C'est parce que toute science a pour point de départ un postulat qu'elle est subjective. Même celle qui nous apparaît comme la plus objective, matérialiste, concrète, est en fait la projection d'une partie de l'homme : partie qui déborde sur le Tout, et ce débordement doit être assumé par tous les hommes conscients, y compris et surtout, par ceux qui sont responsables de ces recherches parcellaires vides de « Pourquoi ? ».

L'Univers palpite d'intelligence sensible... A nous, hommes, de mettre tout en œuvre pour établir une relation de qualité avec ce Tout vibrant, afin d'obtenir la grande richesse qu'est le simple. Le simple riche de toutes les complexités : complexités retournant sans cesse au simple par les interactions de qualité qui résolvent sans abîmer.

Le point d'interrogation que les physiciens ont découvert au cœur de la matière est un signe en forme de volute qui rit la vie !... sans se rire des éphémères sincères qui ont su reconnaître dans l'apparence « un point symbole-essence ».

Par-delà le confus, du complexe au simple, par la profonde intuition de l'Un.

Si tu choisis le simple comme maître d'œuvre, ta complexité ne deviendra jamais confusion.

« L'intelligence des humbles », la seule véritable intelligence, puisque cet intellect-là est relié au cœur. Au cœur qui toujours interroge contrairement à l'intellect qui, à force de focaliser sur le cortex, veut, envers et contre tout, avoir raison. Le cœur riche de ses battements plus exigeants, riche de ses battements qui sans cesse interrogent, s'interroge sur l'espace et le temps qui séparent chacun de ses battements, bien que son rythme scande une certitude Une de vie.

Le cœur est un énorme paradoxe, il sait et cependant continue de battre avec l'humilité d'un viscère, d'un morceau de boucherie, dans l'attente de la métamorphose qui changera le viscère en axe. En axe qui se bat, immobile comme un sphinx palpitant de vie, jusqu'à tordre, distendre, le point d'interrogation : le rendre vertical, d'une verticalité absolue. Une verticalité d'axe immuable qui comprend sans condescendance, en maître, les calculs humains les plus complexes.

Cet axe-là est axe absolu, parce qu'étant le simple absolu, il se rit gentiment, sans méchanceté, de la complexité. Quant à la confusion, elle est totalement étrangère à l'axe absolu. L'axe et le confus sont des lignes qui, au nom d'une certaine mathématique, ne se rencontrent jamais.

Le beau est : absent du confus, présent d'une certaine présence dans le complexe, présent d'une présence certaine dans le simple.

De la relation de qualité

D'un dialogue de qualité peut naître l'esquisse d'un chemin qui va en s'élargissant.

Tu n'es que par ce que tu transmets, et non par ce que tu crois être.

Seule la relation de qualité peut sauver l'humanité : elle est la seule voie.

Si au cœur de la matière vibre un point d'interrogation, une mouvance, l'incernable, il est alors certain que l'on ne peut plus buter sur un objetmatière, mais que l'on se trouve face au « vibrant » qui nous invite à l'échange, à la relation de qualité, et non au désir de s'accaparer l'objet, puisqu'il est inexistant.

On ne possède pas ce qui vibre, on essaie d'établir avec lui, le « vibrant », une relation vraie afin de s'augmenter mutuellement.

La beauté n'est pas esthétisme, mais preuve d'un Tout cohérent parce que relié dans la qualité.

Tout don sincère déchire celui qui donne, blesse celui qui reçoit. Mais il ne faut pas oublier que c'est justement par l'orifice de ces brèches, de ces blessures, que passe la relation de qualité, seule apte à tisser le lien non aliénant.

Le créateur humain est ouvert au cœur des traditions. Le cœur qui ne vit pleinement qu'en dehors de tout dogme.

Adogmatique, oui ! mais non dispersé, parce qu'individuellement structuré et perméable.

Il n'existe pas de montreurs de chemins, seuls sont présents à la vie ceux qui savent faire naître un dialogue non complaisant, sincère, profond. Car cette vie, consciemment partagée, peut nous faire emprunter un sentier qui va de la déraison à la raison qui reconnaît le cœur.

Il n'est pas sage de vouloir définir la sagesse. Car la sagesse se vit, mais ne se définit pas. Exemple : dialoguer sous le signe de la qualité, sans complaisance mais avec le cœur, au lieu de tuer pour s'approprier est sagesse en acte.

Être sincère envers l'homme qui cligne de l'œil est faiblesse. Mais il existe un laxisme plus grand : passer à côté de l'être sincère sans lui rendre sa sincérité.

Le créateur humain se doit de tout donner pour son œuvre, en sachant que ce « tout » n'est pas grand-chose, mais que ce « pas grand-chose » est tout, ou tout au moins donne l'impression d'un tout dans le relatif.

Relatif qui, s'il est bien compris, senti, intégré, conduit l'homme de bonne volonté à être présent aux épreuves qui consistent à imaginer juste. Puis, à se rendre compte qu'il n'est qu'une bribe de rien, mais que cette « bribe de rien » jointe au sentir profond d'être « tout » est le jeu cruel vécu par l'incarné qui sent que tout reste à naître, y compris lui.

Même l'homme le plus doué est insuffisant à lui-même. Il lui faut pour vivre établir une relation de qualité avec les autres hommes : l'homme de génie ne peut se contenter de son propre écho.

Le vide est un plein qui incite à l'échange.

Le fou et le créateur qui vivent à l'intérieur de l'homme de génie sont d'égale importance ; complémentaires, essentiels à des titres divers.

Élever un dialogue au niveau de la poétique par des échanges de qualité, vides de toute complaisance.

Du carré au cercle par une relation de qualité.

« Amour » : échanges réels au cours desquels chacun s'augmente sans pour autant diminuer l'autre.

Toutes les variations sur l'Un conduisent à l'Un ; mais seulement si ces variations sont nuances reliées entre elles et au Tout par la qualité.

Le père véritable préfère le dialogue de qualité à la suprématie.

Pour qu'un échange soit véritablement fructueux, il est nécessaire qu'une fois effectué il ne subsiste qu'un sentir imperceptible, mais ô combien présent, d'une conscience plus.

Le moi élevé au plus, te dit : « Sois ! Sois dans la relation de qualité au Tout vibrant ».

Le dialogue placé sous le signe du simple peut permettre aux hommes de se rencontrer au-delà du conventionnel : de se rencontrer au niveau de leur qualité propre.

De la relation au présent naît la permanence dans la mouvance.

Prendre appui sur ses racines pour échanger dans la qualité et non envahir.

Tout philosophe digne de ce nom se doit de reconnaître l'autre, non seulement par l'intellect, mais surtout par le cœur, en tant que sujet vivant apte aux échanges.

La première désillusion à surmonter pour vivre relié à la qualité, c'est soi-même... Faire de cette désillusion non une illusion qui berne, mais s'appliquer à voir au cœur de notre état d'infime une parcelle digne, parce que vide de toutes illusions.

Seule la poétique peut dialoguer de façon positive avec le rêve.

La partie est aussi complexe que le Tout. L'électron pose autant de questions que l'homme. Mieux que de vouloir expliquer l'un par rapport à l'autre, ne serait-il pas plus pertinent d'étudier leur relation avec pour postulat : la qualité.

« L'abstrait et la qualité de la relation » :
L'abstrait qui relie qualité et relation dépasse l'abstraction ; et de cette sécheresse abstraite peut

naître, si qualité dans la relation est, une humilité, une fraîcheur, une lumière, aptes à faire croître les plus belles fleurs de poétique.

Rendre hommage à « l'adogmatique » qui a le souci de ne jamais étouffer l'autre avec ses racines.

S'entêter avec le cœur jusqu'à reconnaître véritablement l'autre est l'Alpha de toute philosophie. Pour élever un dialogue au niveau de l'acte poétique, il faut être au moins deux qui se reconnaissent comme mutuellement indispensables.

Ne donne jamais rien sans avoir au préalable vérifié la qualité de ce que tu donnes. Tout présent se doit d'être a-pesant. En fait le présent ne supporte pas la pesanteur, il la rejette cette toute-pénible ;

car, s'il ne le faisait pas, il perdrait à coup sûr le rythme, son rythme qui puise sa pérennité de vie dans la non-pesanteur.

La valeur relative et la valeur propre : la véritable valeur naît de la relation propre aux deux qui se veulent un, sans perdre les couleurs vives de leur palette respective, différentes mais compatibles.

L'absurde, c'est : sentir tout ce que nous ne faisons pas et que nous pourrions faire si nous étions reliés par la qualité à notre état d'éphémère doué.

Une société où la qualité de relation, basée sur la non-complaisance, existe entre ses membres, perçoit sa pérennité.

« En postulat paradoxal l'élan du cœur » et, toujours forts de ce postulat, tendre vers une réciprocité d'informations de qualité dans le but de s'augmenter mutuellement, en fait de s'entendre pour être plus conscients ; conscients d'un respect non velléitaire vide de sentimentalisme.

Le respect de tout ce qui vit, donc vibre, appelle à l'échange au nom de la pérennité. Ce qui vient d'être dit ne s'arrête pas à la planète Terre, mais passe par la planète Terre, et bien assumer ce passage est indispensable. Car percevoir le Tout dans une parcelle, en respectant cette parcelle, est indispensable pour se situer qualitativement dans le vivant, pour le vivant, pour la pérennité du vivant. Pas de pérennité sans qualité ; ne sont aptes à se continuer que ceux qui conçoivent, mieux : qui sentent l'échange constructif comme une nécessité absolue quant à assumer dans le relatif, la vie, une vie, à la fois ponctuelle et extrapolée. Tant il est vrai qu'assumer dans la qualité le ponctuel équivaut à tendre vers une extrapolation cosmique.

Une relation de qualité entre le cœur de l'atome de la matière, dite brute, et l'homme qui cherche, peut faire naître un fruit d'or non vulgaire qui a pour nom : pérennité.

De rencontres ponctuelles en rencontres ponctuelles, et ce jusqu'à trouver, à la lumière d'une
aurore inhabituelle, le fil qui relie.

Tendre vers...

Le chemin qui a un cœur n'a pas de but, il se continue en s'élargissant.

Comprendre jusqu'au « connaître », afin de sentir le partage, l'équité, comme un équilibre indispensable à l'inspir et au respir.

L'homme vit un temps infime, occupe un espace infime par rapport au Tout ; mais s'il est digne dans sa relation de qualité, il dépassera par ce « tendre vers » positif l'infime du temps et de l'espace occupés par son apparence.

Le dernier mot du pédagogue à son élève : ne m'écoute pas, ne t'écoute pas, entends-toi.

Ne pas oublier que tous les porteurs d'amour sur terre étaient en harmonie avec l'univers ; car l'amour est la suprême tendance vers l'Unité, et l'Unité comprend tout.

Je pense que les désordres sur terre ne viennent pas de Dieu, mais des hommes ; le bien-faire est à leur portée à condition qu'ils sachent que les protéines impliquent des devoirs et non des états d'âme.

Te ressasser le « connais-toi toi-même » ne sert à rien : ce qui compte c'est, malgré tes nombreuses chutes, entendre une voix forte qui en permanence te crie : essaie !

Persister, malgré tout, dans l'espoir de découvrir au fond de son abîme, de sa brèche, de sa blessure, une bribe de lumière qui incite à vivre encore et encore.

On fait souvent porter le chapeau au fou, mais son chapeau a la forme d'un point d'interrogation. Pas d'apologie de la folie, mais une tentative pour établir avec elle un dialogue de qualité.

En guise de tendre vers... ce paradoxe : cristalliser sans dogmatiser.

La hiérarchie de l'homme sincère est celle du cœur : est plus haut celui qui donne, qui offre, qui communique, qui aime.

C'est un devoir de se justifier devant ceux que l'on aime.

Respecte le beau même si la beauté qui émane de ton cœur est cruellement ignorée et bafouée.

Le refus d'écrire jusqu'à la nécessité impérieuse de crier.

Réussir pour partager.

Être sincère, malgré tout, pour ne pas être né en vain.

Se surpasser c'est engager un combat sans merci contre soi-même, afin d'élever le désir de connaissance jusqu'à l'amour.

Le racisme conscient est une ineptie. Quant au racisme qui se trouve enfoui dans l'inconscient : à force de chercher en soi on finit par y découvrir les autres... à ce stade de la découverte il n'est plus question de races, mais en *l'espèce* d'êtres.

Chaque phrase jaillie de la vraie vie est, dans le relatif, une somme qui tend vers l'absolu.

A la recherche de ce qui aime en l'être.

A la quête du positif chez l'autre.

Homme par la parole donnée, jamais reprise !

Finalité n'est pas fin, mais tendre vers...

L'homme créateur dialogue avec sa folie et ce avec une telle force, qu'il se sent obligé...

Il faut s'adapter pour résister à vie et non pour se répandre.

Puiser dans la solitude les forces qui feront naître en nous l'irrésistible désir du tendre vers...

On ne saisit le subtil des mots que lorsqu'ils sont en interrelations de qualité.

Capter à la source de soi des vibrations cohérentes, essayer de les traduire en les abîmant le moins possible, puis les offrir à la connaissance des autres.

La raison résonne quand elle est reliée.

L'amour vrai est un lien qui libère.

Pas de message ! Mais s'appliquer à être un homme de bonne volonté, jamais découragé, le moins pesant possible, toujours prêt à donner et à recevoir : à échanger dans la qualité.

Homme sensible, vide de toute sensiblerie, ils pensent te faire vivre comme un sous-homme. Par réaction ne te crois pas surhomme, sens seulement que bien au-delà du surhomme et du sous-homme, vit l'homme simple vide de tout simplisme.

Espace, temps, qualité

L'UN n'est pas cause, mais fleuve qui s'écoule hors du temps et de l'espace.

Être perméable au stable pour vivre debout entre les deux infinis.

C'est dans l'éclatement lumineux du présent que se fondent les questions : qui suis-je ? où vais-je ? etc.

Le créateur meurt au temps, pour renaître aux cycles : les cycles qui sont signes du temps, sans temps.

Chaque aurore apporte à l'homme de bonne volonté une vision nouvelle, seule thérapie pour lutter contre les habitudes stéréotypées et maladives.

Le Christ-Amour... sans « isme ».

Le créateur humain ne vit pas dans ce que l'on appelle un monde imaginaire : son état, sa vie, son monde, dépassent, et de très loin, tout l'imaginaire parce qu'il est médium ouvert sur le présent.

Le temps limite, mais tout ce qui est qualité de relation vécue dans les limites du temps, dépasse le temps.

Le non-velléitaire réunit par une excellente qualité de relation le quantitatif et le qualitatif. Il est, ce non-velléitaire, celui qui sait durer dans la qualité. Il est celui qui a la qualité de durer sans s'aliéner, et durer sans s'aliéner c'est faire du temps et de l'espace un point a-géométrique et a-mathématique, un point sans dimension, ni espace, pourvu d'un centre absolu : immobile, sensible à toute mouvance, mais d'une sensibilité absolument dense et fixe.

Chanter la tradition sur le temps présent.

Le seul postulat qui peut déboucher sur une relation de qualité, est celui de l'homme simple qui sait affronter le complexe sans jamais oublier l'Un : l'Un qui relie en les comprenant l'Alpha et l'Oméga.

Être perméable au présent : c'est esquisser un pas de danse dans le monde de la néguentropie.

Pour que l'événement soit essentiel, il faut que la relation d'où il émane soit de qualité.

Les actes d'amour sincère vécus tout au long du chemin de la vie sont des réalités dépassant les concepts : passé, présent, futur. Ce sont aussi des « jaillir » pleinement perçus dans l'instant, reliés à notre intuition : notre intuition déesse de l'anti-savoir, mais inspiratrice de la connaissance.

Participer au présent — acte qui relie à l'acte —, relation qui donne le rythme, un rythme à la puissance « Tendre vers... l'Immuable ».

Éternel retour au simple par la re-naissance.

Être perméable au stable, c'est sentir l'intemporel dans le temporel.

S'il existe des devins tout est compris dans le présent.

Dans les latences du présent vivent et le passé et le futur... C'est ce qu'avaient compris les prophètes.

Les critères qui définissent l'intelligence varient selon les contextes. Seule l'intelligence du cœur est invariable.

Poussières d'étoiles : petits soleils créateurs de cosmos.

L'hypothèse du « trou noir » élevé au niveau du symbole :
Si nous pouvions entrer en relation de qualité avec les étoiles, elles auraient certainement beaucoup de choses à nous apprendre. Entre autres, la façon d'équilibrer les forces atomiques que nous avons arbitrairement libérées.
L'étoile lorsqu'elle meurt renaît dans ce que nous appelons « trou noir ». En fait, ce trou est un puits cohérent dans sa complexité : cohérent d'une cohérence telle, que le complexe en arrive à se métamorphoser en simple. Le simple seul capable d'atteindre le non-finir par perméabilité.

Vivre au mieux son présent dans le but de faire naître d'autres présents dans le futur.

La qualité équilibrant la quantité jusqu'à l'harmonie Une.

Maintenant mieux que jamais et ce vers un éternel « maintenant ».

L'espace d'un jaillir

L'étant c'est la source, entendre par là que l'ouverture au présent est la source de tous les « jaillir ».

L'œuvre humaine élevée au niveau du chef-d'œuvre ne supporte pas le moindre clin d'œil : la ruse, en l'occurrence, fait fissure.

Penser sur la haute note pourpre du sentir.

La poétique est libre de tout postulat : postulat remplacé par la qualité de la relation au présent, entendre par là l'état de grâce qui est dans le cœur de tout médium sincère.

Amour est un éclat de rire solaire au concept d'entropie.

Au-delà de toutes idéologies vit l'homme en sa valeur propre.

Tout donner l'espace d'un instant : saveur d'a-temporel.

Couper court à sa spontanéité, c'est volontairement tarir sa source intérieure, c'est empêcher tout jaillir.

Être compatibles par le cœur, c'est dompter en nous l'intelligence, faire renaître le naïf : vivre en état de perméabilité.

Nier l'inspiration équivaut à une condamnation à mort par imperméabilité.

A force de vouloir expliquer le complexe, l'homme devient confus. Et lorsqu'il projette sa confusion au cœur de la matière, un cri symbolique s'élève, un chant de beauté émanant des sources vives.

Est plus haut celui qui aime.

L'homme moderne aimerait se prolonger indéfiniment dans l'espace. Mais cette tentative d'hypertrophie de lui-même a pour point de départ un postulat de conquête, postulat dans lequel est totalement oubliée la qualité. La qualité que le simple, le naïf, signifie par son aptitude : une ouverture à tout ce qui vit. Le naïf n'a pas de postulat, mais une immédiateté, une spontanéité, qui va dans le sens de la vie sensible, vibrante, la vie qui incite à connaître, à comprendre, et non à dominer.

La science réductionniste travaille sur « la partie », il n'est guère possible d'arrêter ce travail. Par contre, il est indispensable de tout mettre en œuvre pour que cette recherche sur la partie n'abîme pas le Tout.
Sous peine de mourir juxtaposés nous nous devons de pousser la recherche jusqu'à la reconnaissance de la source, du jaillir issu d'une relation non complaisante génératrice de structure solide jusqu'à la pérennité, parce que perméable.

Faire don d'un a-pesant présent.

De la non-réduction de la physique : pour moi c'est
« physique » : quoi de plus beau qu'un corps qui
ondule en pleine lumière...

La spontanéité est un jaillir qui ne pardonne pas :
elle enfante souvent le simplisme, rarement le simple.

Penser vivre est moins vivant que se sentir vivre ;
mais vivre est le plus vivant.

Profondeur et spontanéité sont compatibles. Dès
qu'elle perçoit la lumière, la source jaillit !

Pas de postulat en poétique. Ce savoir-faire subtil trouve sa vérité par perméabilité : la poétique est une déchirure, une blessure béante par laquelle passe le vibré souffert, accepté jusqu'à ce que vienne la création.

Si le soleil se donnait timidement, du bout des lèvres, la lavande ne pourrait jamais exprimer la quintessence de son parfum.

Percevoir dans sa solitude une arythmie doulou-reuse, mais positive, seul antidote aux habitudes maladives et négatives. Car dans cette arythmie-là un rythme de vraie vie cherche à s'exprimer.

Une spontanéité reliée par la qualité au Tout qui vibre est éternité.

Le jaillir lorsqu'il émane du cœur est un pont qui nous relie au non-finir.

Croire en Dieu est moins important que d'être Amour sur terre : tous les sincères sont pour moi dignes fils de Dieu.

Chaos - Cosmos

On se penche jusqu'à tomber sur l'astro- et la microphysique, mais qui aidera l'homme à vivre debout, à garder sa station verticale entre ces deux extrêmes ?

Dans ce monde de velléitaires, en cette fin de cycle, y aura-t-il un être capable de faire renaître la vie : la vraie vie, celle qui se sait éphémère mais indispensable, celle qui sent en son insuffisance : l'essence.

La vraie mémoire est celle du cœur, parce qu'elle émane d'une relation de qualité au cosmos.

Voyage de la particule à l'étoile par le train lumineux.

S'embarquer sur un vaisseau cosmique ayant pour nom « quantité » est un dangereux leurre, parce que dans la complexité, voire la confusion des préparatifs au voyage, la qualité, cette toute-sensible, a été oubliée.

Si nous vivons dans un Univers impliqué, la solitude devient impossible, et ce parce que, plus ou moins consciemment, la relation existe.

Être relié dans la qualité au Cosmos pour mettre fin à notre chaos intérieur. Retour aux sources de l'Univers pour faire renaître en nous l'ordre : un ordre non suspect parce qu'inspiré par un Tout, vibrant de cohérence.

Lorsque le dernier naïf mourra, l'équilibre de notre planète ne sera plus assuré.

Considérons deux lignes parallèles, l'une représentant le simple, l'autre le confus. Nous pourrions énoncer en guise d'absolu que ces deux lignes parallèles ne se rencontreront jamais, et ce bien que tout soit en rapport avec tout par relativité. Mais le confus est un relatif tellement épais, tellement pesant, que l'on pourrait dire de cette entité monstrueuse qu'elle est une exception qui confirme la règle quant à la relativité.

Car la pesanteur physique n'a rien à voir avec cette pesanteur issue d'êtres vivants qui, malgré leur conscient, s'entêtent avec leur tête afin d'évincer le cœur. Le cœur qui pourtant est seul capable de nous offrir une véritable non-pesanteur. Non-pesanteur absolument indispensable pour que cette terre, ce jardin où nous vivons, reste stable, garde son équilibre, reste perméable à l'Univers.

L'être est cosmique ou n'est pas. Si l'on considère que naissance a été, sera, *est,* toute dichotomie entre le Cosmos et l'être est dangereuse illusion. Et la conscience qui objective, sous peine d'être remplacée, devra si elle veut s'augmenter, c'est-à-dire assumer sa pérennité, dépasser l'objet qui n'est que projection d'une conscience crépusculaire. Dépasser l'objet, c'est-à-dire le considérer comme sujet et ce dans le but d'assumer la pérennité de l'essai qu'est l'espèce humaine. Car, essayer sans être relié c'est se condamner au finir, faute de ne pas avoir eu la noblesse d'accueillir et de restituer le « jaillir ». Le « jaillir », source qui émane du présent : du présent qui porte en son sein et le passé et le futur, afin que ceux qui savent voir avec le cœur puissent prévoir dans le futur d'autres présents.

En fait, passé et futur sont illusions, seul compte le présent parce que dans sa spontanéité il intègre, sans s'amoindrir, et l'espace et le temps.

Le temps et l'espace : l'espace d'un instant de présent réellement vécu donne toute leur acuité aux quatre mots a-conceptuels que sont, amour, force, sagesse, beauté.

S'il est perméable à la qualité l'infime point est aussi grand que le Cosmos tout entier.

S'adapter à la norme temporelle tout en étant le créateur, mieux : le transmetteur d'une autre norme profondément sentie comme mer cosmique, éternelle, dont le rythme puissant usera le ponctuel jusqu'à le rendre à son tour éternel.

Tentative pour aller du chaos au Cosmos par une conscience de plus en plus consciente d'elle-même.

Ignorant l'arythmie du chaos, le cœur prend sa source au centre du Cosmos.

Vivre c'est prendre des risques ; mais le seul risque véritable c'est de porter en soi le profond désir de mourir au « moins » pour renaître au « plus ».

Ce n'est pas la conquête de l'espace qui rendra l'homme cosmique, mais son aptitude à faire naître une relation de qualité entre lui et l'Univers.

Si la mort nous paraît illogique dans le linéaire, elle est une phase pleine de sens dans le cyclique.

Nous sommes impliqués dans le Cosmos, reliés par les particules les plus infimes de notre être. L'homme, sous peine d'être remplacé, se doit d'honorer par une relation de qualité au Cosmos cet état de fait.

Il aurait fallu pour vivre dans une solitude absolue ne pas avoir été extrait du néant : ne jamais avoir existé.

Le chant du cœur de la matière a pour clef un point d'interrogation.

Le vide est un monde où gravitent une infinité de « subtils », aptes aux échanges.

La vie nous dépasse par tout ce qu'elle contient d'inexplicable, qu'il ne faut pas confondre avec inexpliqué.

Chaque étoile du Cosmos vibre et cette vibration, véritable « tendre vers... » est signal, signe lumineux qui incite, qui invite notre conscience à se rendre compte d'elle-même.

L'homme conquérant s'hypertrophie jusqu'à éclater dans le temps quantité. Tandis que l'homme conscient cherche à faire de sa vie une quête au « voir plus », au « sentir plus », à « embrasser plus » : à aimer. Et ce, dans la joie qu'éprouve celui qui, de toutes ses forces vives, veut comprendre jusqu'au connaître et à l'aube de cette connaissance, voir le partage comme une nécessité absolue.

Aussi loin que pourra aller l'homme dans le Cosmos, s'il ne prend pas en compte le qualitatif, il ne trouvera en guise d'Oméga qu'une image abâtardie de lui-même, parce que croyant être en haut il sera en bas, s'imaginant être en avance il sera en retard.

Si l'homme part à la conquête du Cosmos en oubliant le qualitatif il se désintégrera en particules inaptes à se reconstruire, à se rassembler au nom de la vraie vie. L'homme conquérant sans qualité est inapte à se rendre compte que vouloir s'accaparer l'Univers n'est qu'illusion ; or, il faut savoir qu'aucune illusion ne peut entamer, ne serait-ce qu'un peu, la complexité intègre qu'est le Cosmos jailli du chaos.

La conquête au nom du quantitatif ravalera, s'il n'y prend pas garde, l'homme à l'anonymat ; il perdra son identité et sera alors ignoré du Cosmos tout entier. Si l'homme conquérant d'espace ne veut pas laisser son nom aller à la dérive dans les espaces sidéraux, il devra se souvenir à l'aide de la mémoire du cœur que depuis l'Aube des Temps, les étoiles manient le nucléaire sans perturber de façon définitive le rythme de l'Univers.

Semblable à l'homme l'aurore est une lumière qui se cherche.

La mémoire du cœur est constellée d'étoiles. Équivalence : se souvenir des sources.

Nature - Culture

Mentir est humain, mais baser toute une civilisa-
tion sur le mensonge c'est se condamner à vivre
juxtaposés.

« Immanence-Transcendance »
« Nature-Culture » :
Le signe lumineux qui émane d'une relation de
qualité nous fait percevoir, au-delà des concepts
« nature-culture », « immanence-transcendance »,
la Beauté qui émane de la relation sujet-objet,
transmutée en relation sujet-sujet.

Je ne choisis pas ceci ou cela, j'essaie de découvrir
ce qui relie ceci et cela.

Tous les « ismes » ont pour origine l'égocentrisme ! Et cette façon malsaine de tourner en rond dans le mauvais sens nous conduit peu à peu, voire de plus en plus vite, à une structure sociale dite « de juxtaposition ».

Inventer l'homme : conception intellectuelle remplie de bonnes intentions, mais inadéquate quant à respecter le vibrant, le vivant dans sa manifestation a-causale qui fait chanter, danser et rire ensemble hommes et éléments.

Question : quel rapport y a-t-il entre l'homme qui prie son Dieu en chantant, en dansant et en riant, et l'orchidée qui se fait femelle d'insecte pour se continuer ? C'est le mime-éthique à la gloire de Dieu.

« Tout étant relié », la science doit savoir qu'en travaillant sur une partie, elle n'est pas quitte quant à assumer la responsabilité des effets produits par cette recherche parcellaire.

Respecter la vie qui nous dépasse est signe de noblesse, car la vie nous dépasse du haut de son « inexplicable » qu'il ne faut pas confondre avec inexpliqué. Le mot noblesse implique, évidemment, hiérarchie ; mais il faut s'entendre, est plus haut celui qui s'entêtant avec le cœur aime sans avidité, respecte, malgré les avatars de l'incarnation, la vie sous toutes ses formes.

Loin, très loin des sources erre l'homme artificiel ; à force de vouloir à l'aide de ses conceptions approcher le vrai, il se donne pour but une vérité théorique... Vivre au rythme de la nature, écouter ses chants sublimes, communier avec ses formes, tout cela n'est pas décrire le vrai mais le vivre !

Humble devant le Tout, fier parmi les hommes.

Savoir écouter le torrent qui gronde ne doit pas fermer l'oreille au murmure de la source qui, délicatement, s'écoule. Car, bien qu'ils s'expriment différemment, ils sont tous deux nés du même élément.

Dans la Rose aux multiples pétales vit toujours le spectre lumineux de la simple églantine.

Votre cœur a-t-il déjà observé la danse du pavot pourpre que rythme un vent fort venu des altitudes ?

Saviez-vous qu'être naturel, profondément naturel, c'est aussi être surnaturel !

Le bien, élevé au-dessus de la morale, consiste à faire en sorte que sur cette parcelle terre un équilibre soit respecté. Pour cela, non culture contre nature, mais culture en relation de qualité avec nature.

Puisque « tout est relié », faisons en sorte que ces relations soient de qualité.

Le créateur humain n'imite, ni ne recrée la nature, pour parfaire son chef-d'œuvre il entre en relation de qualité avec elle.

Le rapport nature-culture par une relation de qualité peut devenir simple, et permettre à l'homme d'assumer véritablement sa responsabilité d'être conscient : conscient alors d'une conscience en cercle comprenant, en l'aimant, l'Univers qui palpite au rythme de ses interrelations intelligentes jusqu'à l'Unité.

L'ultime frisson de l'oiseau qui se meurt en plein hiver est perçu par le Tout vibrant.

Être perméable à la nature, c'est faire naître une culture au cœur de laquelle vit la pérennité.

Dans le cœur de la matière existe une volute en forme de point d'interrogation, qui nous interroge dans la beauté. Sentir en l'ultime le beau, n'est-ce pas une bribe d'espérance quant à l'existence de Dieu ?

Peu importe de savoir ce qu'est le vent : ce qui compte, c'est de le sentir comme une force donnant à la nature cette harmonie des courbes.

Nature et Culture ne font « qu'une » dans le cœur du médium, ce réceptacle de qualité apte à restituer ce que culture en osmose avec nature lui ont confié.

Oreille très fine collée sur pierre, rêche et dure ; battements de cœur... d'où proviennent-ils ?

Le rythme du pouls de la terre change avec les saisons.

Sève d'arbre — sang d'homme : incompatibilité physiologique, mais compatibilité par reconnaissance des rythmes respectifs.

De la conscience...

Au-delà de la thèse, de l'antithèse et de la synthèse, existe le discernement issu du cœur lorsqu'il bat sur le rythme de l'éveil.

En fait, je pense que l'homme moderne a toujours fait preuve en matière de postulat d'un énorme laxisme : laxisme qui laisse apparaître un vide. Vide qui, contrairement à l'espace, n'est pas peuplé de vie, mais vide dans le sens du vain, du futile, de l'inutile : l'inutile qui, poussé à son extrême, peut nous conduire à une mort sans renaissance.

A tous ceux qui ont voulu enfermer le génie dans un diagnostic, je dis : « la lumière ne débouche jamais sur une impasse. »

Naître, vivre, souffrir, mourir ; mais surtout dans l'intervalle — entre naître et mourir — avoir « repris connaissance ».

Être vrai et avoir la possibilité de s'exprimer est privilège de créateur, mais à chaque créateur humain, je dis : lorsque tu t'exprimes, n'oublie jamais de mentionner ceux qui sont vrais et qui ne peuvent s'exprimer.

Oublier que vivre est dangereux, c'est être sur la pente aseptisée qui ne mène nulle part.

Le diaphragme, l'œil : l'homme qui aurait la faculté d'arrêter l'œil sur son plus grand diaphragme, sa plus grande ouverture...
La véritable grandeur de l'homme, c'est son aptitude à s'ouvrir.

Tandis que l'irrationnel exclut le rationnel, le sur-rationnel l'intègre : il intègre le rationnel et s'en sert, c'est une des données de son équation.

Je bute contre l'étymologie du mot « psychologie » ; l'âme est trop vaste, trop impondérable, trop vraie pour se laisser enfermer dans un traité quel qu'il soit.

La poétique c'est toute la vie du poète. Cette vie est parsemée d'éclairs qui apportent à l'homme créateur le discernement : discernement indispensable à sa création.

Je comprends le scientifique sincère qui dit travailler dans un cadre et ne pas vouloir le déborder... Seulement, je pose une question : ne faut-il pas être pleinement conscient que dans certaines disciplines scientifiques, par exemple la physique nucléaire, les effets des recherches débordent parfois le cadre jusqu'à, dans certains cas, remettre en question le Tout relatif qu'est la planète ?

Dépasser ses réactions pour être véritablement en acte.

Question : Comment va-t-on de l'Un à l'Un par le multiple ?
Réponse : En vivant le multiple dans la qualité, en ayant conscience qu'en chaque bribe, vibre le Tout.

L'événement contient-il autre chose que l'abstrait que nous y projetons ?
Oui, si l'événement émane d'une relation de qualité. Parce que cet événement remarquable est conscience plus.

N'écrire que par nécessité-lumière...

Le sensationnel, c'est savoir discerner dans la multitude des informations qui nous assaillent, la bribe vraie permettant à chacun, en fonction de sa propre sensibilité, de s'acheminer vers un mieux.

Deviner juste, c'est être en état de synchronicité.

La médiation immédiate de l'absolu est le symbole. Ce signe lumineux perce les contingences pour nous inciter à ouvrir notre conscience au plus.

Il faut trier au rythme de son « souffrir », pour transmettre ne serait-ce qu'une bribe de reconnaissance.

Rechercher le positif chez l'autre, sans méconnaître le négatif, puis unir les deux positifs, afin de combattre les deux négatifs.

Tu commenceras à connaître quand tu auras l'humilité de la perméabilité.

Aux partisans du déterminisme guerrier, je dis : il est possible de s'affronter sans se tuer, à condition de faire l'effort. L'effort de comprendre qu'il est préférable de se battre pour s'augmenter dans la qualité, que de s'affronter dans la médiocrité pour s'anéantir.

A partir d'un certain degré de conscience, on n'évolue plus, on s'intègre.

Les grains de lumière qui s'écoulent en ondes frappent notre conscient, afin de l'augmenter, de l'agrandir, de l'élargir, jusqu'à la connaissance.

Je rends hommage aux premiers physiciens qui ont eu le courage de dire que dans le cœur de la matière, ils avaient découvert la Beauté.

Le « comment » et le « pourquoi » sont indissociables.

Si véritablement il y avait un déterminisme guerrier, à quoi servirait le verbe ?

Apprendre, c'est s'approfondir en intégrant des informations positives, issues d'une relation de qualité.

Le verbe lorsqu'il s'exprime est simple jusqu'à l'extrême cohérence. Alors, le discours pénètre jusqu'au cœur, se mêle à son rythme, éclaire la nuit intérieure, augmente la conscience. La conscience qui, alors, comprend l'Un comme évidence !

En héritage à son enfant : une transmission apte à lui donner la possibilité d'augmenter, ne serait-ce qu'un peu mais vraiment, sa conscience.

Il faut s'enraciner, mais aussi savoir se déraciner, afin de comprendre de quoi sont faites les racines des autres.

Le créateur humain vit dans un monde peuplé de provocateurs. Ne pas tomber dans leurs pièges, c'est faire preuve de philosophie en acte.

Le créateur humain se doit de filtrer, sans abîmer.

Enfoncer un pieu dans le mensonge, le neutraliser afin de voir s'il est possible de percevoir, ne serait-ce qu'une parcelle de vérité.

Aller à la racine de sa différence pour y découvrir la compatibilité à l'autre.

Contrairement au quantitatif, le qualitatif ne peut se satisfaire de l'automatisme. La qualité a besoin, pour assumer sa pérennité, d'être en perpétuelle recherche d'informations positives capables de l'augmenter.

Être conscient que la sincérité est un lourd handicap. Mais s'entêter malgré tout avec le cœur, et ce dans le but de se sentir durant ce court passage qu'est la vie, réellement vivant.

A la lumière de la pleine conscience du duel, voir poindre l'UN.

Au fil de l'UN

L'Un c'est la subjectivité intègre.

Être paradoxal mais clair c'est percevoir dans le crépuscule du duel, l'aurore de l'Un éternel.

Si l'essence n'était pas dans l'apparence, la création serait vaine. On ne peut imaginer un mur d'une opacité absolue entre Dieu et sa créature. Les actes d'amour véritable — peut-être rares mais certains — que nous pouvons observer autour de nous sont, à mon avis, la preuve que cette relation tangible entre Dieu et nous existe bel et bien par « nécessité-lumière ».

L'Aura est un double unique !

Pourquoi s'unir ? Parce que cela nous permet de vivre au plus, en l'accentuant dans la qualité, notre différence. Il faut avoir une bribe vraie d'amour, de sagesse, de force et de beauté, pour souligner son identité sans effacer d'un trait haineux l'identité de l'autre. Deux identités fortes et amour s'unissant, sans complaisance mais avec respect, signifient sur terre le « non-velléitaire », le stable dans la qualité, l'immuable.

Ce que l'on m'a enseigné je ne m'en souviens plus, ce qu'il me reste c'est ce que j'ai profondément vécu et cruellement souffert.

« Soleil sur diamant... »
Viendra un jour où je pourrai contempler à l'intérieur de moi-même le rubis aux mille facettes.

Chaque petit miroir rouge me renverra alors l'image de mes métamorphoses futures. Lorsque le temps et moi-même auront accompli le travail imposé par les facettes, une autre pierre précieuse s'imposera à mon être : ce sera un pur diamant taillé en sphère parfaite, dans lequel je pourrai voir un seul visage, un visage rayonnant des mille feux... soleil sur diamant.

Vrais sont les simples, faux sont ceux qui parlent de simplicité.

L'intuition du simple engendre le vertige sans malaise.

La tête éclatée se répand en chiffres, tandis que le cœur éclaté se morcelle en une infinité de cœurs « Un ».

C'est sûrement parce que le naïf est, par nature, près de Dieu, qu'il n'éprouve pas le besoin de prononcer son nom.

Il existe une folie constructive ; celle qui dissocie pour reconstruire mieux.

Métamorphoser l'angoisse en acte : un acte relié au Tout au centre duquel vibre en son absolu, l'UN.

L'homme paradoxal casse la gangue de la norme, afin d'en extraire, de ce fruit vieux, un enfant non infantile, adulte, qui loin de torturer ou de tuer invite les humains à danser, à chanter et à rire en guise d'oraison funèbre à toutes les fausses hiérarchies, tous les faux génies. Homme neuf, sorti de la gangue de la norme, aime tout ce qui vit ! Cette pulsion d'amour t'obligera, malgré tout, à entraîner dans ta ronde tous les humains qui auront la bonne volonté d'offrir par la danse, le chant et le rire, leur enthousiasme ; même si pour cela ils doivent faire violence à leur souffrance. Le souffrir est le don que doivent faire tous ceux qui ne veulent pas définitivement mourir à la vie qui vibre l'Absolu. Chaque goutte de souffrance offerte à l'Absolu est acceptée par la lumineuse entité, parce qu'issue d'un corps en sueur qui a surmonté sa peur, afin de prouver à Dieu qu'Il ne l'a pas créé en vain.

Du deux changé en Un émane une solitude apparente qui, en fait, comprend la multitude. La multitude vibrante, rayonnante, UNE, et dans ce monde du UN multiple, solitude s'efface pour laisser place à plénitude.

Le cœur n'est pas avide, c'est pourquoi il dépasse les limites de la raison, sans jamais se l'avouer.

Lorsque l'apparence rencontre dans la qualité l'essence, naît le non-duel.

Les pyramides, une structure apte à concentrer une extrême énergie : une force quintessenciée qui serait destinée à aider l'âme du mort à effectuer l'ultime voyage au « Pays des Aurores fixes ».

A chacun sa palette, la lumière pour tous.

Les parties du Tout lorsqu'elles sont perméables sont le Tout.

Le centre du cercle est un point, lui-même cercle, qui se perpétue de centre en centre jusqu'au point ultime, non figuratif.

Trois réunis par une relation de qualité font UN, tout en restant chacun : seul et unique.

Le beau est subjectif et omniprésent, et cette omniprésence du beau fait de cette subjectivité un tendre vers... l'UN.

Je me perçois comme complexe, sous peine de devenir confus je me dois de retrouver au plus profond de moi, le simple.

UN et NU, la quête de l'Unité par la voie du simple.

L'homme est un morceau qui garde en son cœur la nostalgie de l'entier. C'est pourquoi le symbole, cet outil sacré, est seul apte à l'inciter à se reconstituer dans la beauté de l'Un.

Il existe une alchimie des mots. Tout savoir est un savoir-faire : savoir-faire qui consiste à extraire, par la poétique, le subtil de l'épais des mots.

Être sourd à l'enthousiasme, c'est condamner à la stagnation sa source intérieure.

Relation de qualité entre l'UN et le multiple par le fil de soi...

Faire danser, chanter et rire le moi au rythme du soi : s'émouvoir !

Dépouillé jusqu'à l'extrême : simple, naïf, natif, UN et NU.

Équivalences

Valoir son pesant d'or alchimique = être non pesant.

Le sentir de l'Un = présent au Tout-vibrant.

La bribe vraie = la partie qui comprend le Tout. La partie qui connaît le Tout.

Enthousiasme = présence divine au centre-cœur.

Le respect non complaisant de l'autre = au-delà du conventionnel : le réel.

Humilité = se rendre compte de notre état d'infime, sans pour autant perdre notre désir de connaissance.

La non-velléité = s'entêter avec le cœur.

Le moi comme outil = l'outil comme moyen et non comme fin.

L'esprit de famille = le chaos changé en cosmos, à l'échelle du microcosme qu'est une véritable famille.

Créer en être relié = être perméable au stable.

La non-pesanteur = une danse avec pour maître le Cosmos en son rythme.

Le discernement = pas le ceci ou le cela, mais le ceci et le cela, compatibles et reliés dans la qualité.

Équivalence : ne se courber que pour embrasser un enfant, ou pour honorer Dieu.

*De la relation sujet-objet
à la relation sujet-sujet*

Par-delà le confus : du complexe au simple par une relation de qualité de sujet à sujet.

La relation de qualité entre sujet et objet métamorphose l'objet en sujet. Alors, naît le rapport « sujet-sujet » qui engendre un échange d'informations constructives jusqu'à la qualité.

La voie de la connaissance passe par la relation « sujet-sujet ».

De l'importance de travailler sur le « pourquoi ? » relié dans la qualité au « comment ? ».

Le travail du poète-philosophe consiste à comprendre avec le cœur les interrelations qui font vivre les parties en un Tout, et non de chercher à expliquer séparément la structure de chaque élément. Ce qui veut dire que le philosophe-poète a une aptitude, un don, qui lui permet d'entrer en communication en tant que médium avec ces interrelations. D'où une perception de la vie qui tend vers le non-conceptuel : non-conceptuel qui conduit à un dialogue avec l'objet devenu sujet. De cette confrontation, de ce duel d'amour, peut naître un élargissement de conscience bénéfique pour les deux sujets.

« Relatif-Absolu » : le concept « objectif » est mort parce que non relié, non relatif. Contrairement au « subjectif » qui est a-conceptuel parce que vivant de la relation « sujet-sujet ».

Toute relation de qualité ne peut se faire que si les partenaires sont en quête de leur originalité profonde. Et ce, dans le but de l'offrir à l'autre avec l'espoir d'une réponse au même niveau.

Dix mille pas dans une chambre close peuvent déboucher sur un mur où sourit un visage esquissé sur plâtre et pierres : un visage dont la bouche, ouverte en fruit, murmure « Malgré tout, ose ! ».

Simple par la valeur retrouvée du symbole. Symbole, entendre ici un rapport « sujet-sujet », et non sujet-objet, basé sur une relation de qualité dans le but de recoller les morceaux du puzzle, jusqu'à ce que les jointures de l'ensemble s'effacent pour laisser la place à un Tout cohérent. Cohérent d'une cohérence telle que les concepts morts seraient alors remplacés par le rire, le chant et la danse conscients et reliés.

« L'objet pris comme symbole » : Si l'objet est symbole, il devient par là même entité vibrante et ouverte, apte à nous réapprendre l'équilibre nécessaire à nous autres humains, afin que nous ne soyons remplacés.

Avoir la sagesse de reconnaître, ne serait-ce qu'un peu mais vraiment, l'autre, en sachant que ce « peu » est « tout » dans les contingences, dans le relatif. Avoir la force de préserver, malgré tout, son aptitude à s'émouvoir, sa sensibilité, son ouverture. Tendre vers un dialogue de qualité, basé sur la non-complaisance, dans le but de s'approfondir mutuellement : d'élargir sa conscience par ces échanges incisifs et positifs, et ce jusqu'à aimer l'autre comme sujet vibrant et non le prendre pour objet. Et puis, voir de ces trois mots profondément vibrés, Amour, Sagesse, Force, naître la Beauté.

« Alchimie du sujet » : Une relation de qualité très intime entre l'homme sincère qui cherche et la matière qui s'ouvre à l'échange ; transmutation de l'objet en sujet.

Vivre sa propre vie, mieux : vivre sa vie propre...,
plus exact, vivre sa vie à peu près propre, c'est se
rendre compte que l'autre n'est pas objet, mais
sujet apte aux échanges.

Une fois l'objet reconnu comme sujet, de la nouvelle relation « sujet-sujet », peut naître l'espoir
d'une pérennité.

Sujet remplaçant objet donne la relation « sujet-
sujet ». La relation dans la qualité « sujet-sujet »
donne information plus, information plus donne
conscience plus, conscience plus : début
d'échanges avec le Soi.

Élever la relation sujet-objet au niveau d'une relation « sujet-sujet » par une relation de qualité non
complaisante, c'est reconnaître en soi l'UN.

Sentir ou ne pas sentir...

Sentir ou ne pas sentir, que l'Amour est, a été et sera toujours, autre chose qu'un vulgaire concept. Amour est vibration positive, amour est a-conceptuel, amour est un ciment impondérable, et pourtant concret jusqu'à la quintessence : la quintessence du subjectif.

Sentir ou ne pas sentir que l'infime grain de sable possède, peut-être, toute la mémoire d'Hermès Trismégiste.

Sentir ou ne pas sentir qu'un enfant, au-delà de toutes déceptions, reste un espoir : un espoir de voir un jour la conscience humaine s'élargir ne serait-ce qu'un peu, mais vraiment, car ce peu dans les contingences, dans le relatif, est primordial, puisqu'il est la bribe qui relie à l'Absolu.

Sentir ou ne pas sentir, que vivre c'est voyager l'espace d'un instant dans le relatif. Et que cette bribe de temps, si elle est vécue avec honneur, peut nous impliquer absolument.

Sentir ou ne pas sentir, qu'une femme et son enfant nous donnent l'esquisse du deux en un.

Sentir ou ne pas sentir, la nécessité de remplacer le « Culture contre Nature » par le « Culture en relation de qualité avec Nature ».

Sentir ou ne pas sentir tout ce qu'il y a de grand dans le vol de l'oiseau migrateur qui, de toutes les forces de ses ailes fragiles, tend vers... la chaleur-lumière.

Sentir ou ne pas sentir qu'il est urgent de reconnaître l'autre, autrement que par l'écrit, le discours ou l'intellect. Mais de le reconnaître, ne serait-ce qu'un peu mais vraiment, par le cœur, et ne pas oublier que ce « peu-qualité » est un Tout non quantifiable.

Sentir ou ne pas sentir, qu'à force d'exagérer le « paraître », il pourrait bien se faire que nous devenions inaptes à porter le « naître ».

Sentir ou ne pas sentir que l'UN vibre par cœur son rythme puisé aux sources vives de l'univers.

Sentir ou ne pas sentir, l'urgence d'un retour aux sources génératrices de l'UN NU.

Sentir ou ne pas sentir, que même si les hommes semblent se reproduire dans la banalité, cette banalité n'est qu'apparence, tout ce qui se manifeste est UN, unique, en devenir de se reconnaître.

Sentir ou ne pas sentir, que le labyrinthe du confus débouche toujours sur une impasse, contrairement au labyrinthe du complexe qui, lui, chemine du « complexe au simple ». Le simple qui bat sur le même rythme que le cœur ouvert à l'Univers.

Sentir ou ne pas sentir, que tous les objets dansent et que pour les reconnaître comme sujets, il suffit de trouver leur rythme propre.

Sentir ou ne pas sentir que le tendre vers... est l'ultime geste qui sauve.

Sentir ou ne pas sentir la nécessité de faire coïncider les centres jusqu'à savoir, comme celui qui sait voir, le centre unique qui perpétuellement vibre la vie, et ce de l'épais au subtil.

Sentir ou ne pas sentir, que le souffrir doit être pris comme un « pique-éveil ».

Sentir ou ne pas sentir la vie qui, malgré tout, persiste et enseigne !

Sentir ou ne pas sentir que toutes les injustices déchirent l'Univers qui comprend.

Sentir ou ne pas sentir, que le « mourir pour renaître » n'est pas littérature, mais acte relié au Tout-vibrant qui conduit à l'initial, aux initiales quatre : Amour — Sagesse — Force — Beauté.

Sentir ou ne pas sentir, l'amour non velléitaire sur terre comme un « signe-Dieu ».

Relatif - Absolu

S'entêter avec le cœur dans le relatif, c'est voir poindre à l'horizon : l'absolu.

Si tout est relatif, rien n'est objectif.

La meilleure façon de préserver son équilibre vertical, est d'élever son regard au niveau du relatif-absolu.

Lorsque qualité de relation est, dichotomie entre relatif et absolu disparaît.

Atteindre le point « absolu-relatif », c'est vibrer avec une intensité telle que l'impression devient certitude.

La danse sacrée est une figuration d'absolu-relatif.

En poétique pas de postulat, mais une perméabilité à l'Univers qui vibre.

Aux yeux inattentifs du relatif, l'Absolu se confond avec l'insipide.

Être maître de son Tout, c'est pressentir la relation entre absolu et relatif.

L'intuition du non-finir vibre, bien au-delà de toutes ces voix tristes qui de tout temps ont annoncé, annoncent et annonceront la fin.

Le soi hyperconscient du Tout-vibrant ; le soi, des profondeurs de ses latences, se manifeste parfois aux hommes de bonne volonté.

Symbole : lorsque l'Absolu met sa griffe au bas des contingences.

Philosophie sans " isme "

Le naïf a des ailes, mais il ne le sait pas ; c'est pourquoi il marche, ce simple, d'un pas qui danse !

Je me promenais un jour dans le désert où vivent les pyramides de pierre. Le soleil, à force de me solliciter, m'obligea à m'asseoir et à méditer... Alors, j'ai vu dans un grain de sable débordant de lumière l'œil profond d'Hermès Trismégiste.

Dépasser l'Œdipe par un dialogue non complaisant, placé sous le signe de la qualité.

Hercule était intégré aux Dieux de l'Olympe. C'est pourquoi il n'a effectué que douze travaux, le treizième : assumer une déviance était au-dessus de ses forces.

Contrairement à l'idée reçue, ce n'est pas un athlète énorme qui tient le monde sur ses épaules, mais un chétif naïf assumant son équilibre vertical par perméabilité. Homme, ne fais jamais de croche-pied à cet être apparemment insignifiant ; car, s'il venait à tomber il entraînerait dans sa chute la terre tout entière.

Sujet de réflexion : un enfant nu, assis près d'une source, qui s'applique en tirant la langue, pour modeler un petit bonhomme de terre.

Lorsque deux êtres établissent entre eux une véritable relation, chante et danse au-dessus d'eux un petit homme lumineux qui rit avec grande bonté. Le plus réel des trois est cette petite entité qui a pour nom : qualité.

L'aura de la violette peut embrasser le chêne.

Occulter un livre est un début d'autodafé : on peut aussi condamner au bûcher par le silence.

Le temps tue, mais donne aussi de la subtilité au vivant. Une rose forcée perd une grande partie de la subtilité de son parfum.

Le bêta à la quête du simple, entre l'alpha et l'oméga.

« Symbole » : ceins le bol de tes mains vibrantes de vie, porte-le à tes lèvres, bois le liquide pourpre et divin, apte à reconstituer dans l'amour : l'Unité.

Seule est constructive la solitude paradoxale dans laquelle une voie intérieure appelle, invite l'autre, les autres, à se rendre « Place de la non-complaisance », pour y vivre une relation de qualité hors convention.

Confondre « Tradition » et « passéisme » serait aussi grossier que de comparer : eau stagnante et source vive.

Depuis « L'Aube des Temps » quelques points lumineux à visages humains ont empêché que stagne la Source de Vie.

Paraître : par être interposé — ne pas être soi.

Lorsqu'au sein d'une famille existe une réelle relation de qualité, le concept de l'Œdipe s'efface pour laisser place aux échanges fructueux. Alors, il n'est plus question de tuer pour régner ; mais d'établir un dialogue pour construire.

« La marionnette libre » : danser relié par un fil est mieux que de s'exprimer, c'est exprimer par la danse une relation au Cosmos, au Tout vibrant.

Créer, c'est récolter dans le champ de ses latences le fruit qui donne les fils de l'UN.

« Signe et Symbole » : faire signe pour arrêter un autobus est très différent du signe que fait le muet, lorsqu'il montre de la main son cœur, pour dire qu'il aime.

La vache donne tout et ne prend rien. Jamais lassée par cet état d'exploitée perpétuelle, l'idée de devenir carnivore ne l'a jamais effleurée.

Proverbe oriental : « Si tu es pressé, fais un détour. » A quoi je réponds : « Oui, mais ne te perds pas dans le détour. »

Donner des preuves d'amour : surpasser l'instinct de conservation.

Voir, sur un mur nu, un visage précis, prendre un cliché du visage... développer et constater que le visage se révèle à nouveau, peut être une tentative d'éclaircissement quant au rapport « sujet-objet » devenant par une relation de qualité au « mur » un rapport « sujet-sujet ».

En effet, si nous considérons le mur comme « sujet » vibrant et non comme objet mort, une interrelation entre le « mur-sujet » et « l'observateur-sujet » peut se produire. De cette relation peut naître un visage qui interroge.

Je relate ici une expérience vécue en Andalousie, d'où j'ai rapporté ce cliché que j'ai intitulé : « Vision sur un mur Andalou ».

L'écrit, les cris : le cri plus que nécessaire. Le cri-jaillir, le cri tendre vers... les cris-lumière !

Saint-François : du Saint hériter une sincérité ; dépouillé, nu, en état de simple, de naïf... on peut sentir son Créateur à fleur de peau.

La tête vacillante du pantin de chiffon ne se redresse que lorsque le petit enfant colle son oreille sur le sein de tissu, pour écouter battre le cœur.

Rose d'hiver qui sourit en frissonnant, je vois en ton centre un œil fixe qui interroge, nous interroge, au nom de toutes les fragilités bafouées.

« Printemps » : Prends temps pour percevoir ce qui se renouvelle sans cesse, jusqu'à signifier l'Immuable.

« Été » : A-voir-été-pour être : entrer en perméabilité avec la lumière.

« Automne » : Eau-tonale, Eau-tonalité, Vibration d'or sur portée de bois mort, prêt à renaître par la sève : la sève en son élan d'a-pesanteur.

« Hiver » : I, vert comme les grands conifères, verts en toutes saisons.

« Féminin » : Fée, mit nain au monde. Lutin, lui tint ce langage : — Mère de lumière, du haut de ta majesté, n'oublie pas ton fils, car il est très fragile, ton fils, et sa fragilité, pour ne pas se briser, a grand besoin de ta chaleureuse lumière.

« Pardonner » : Par don, naît une petite étincelle que tu te dois de protéger. Cette bribe de lumière supporte tous les partages : divisée elle demeure, agressée elle pardonne.

« Immensité » : Hymne, mens si tes paroles ne sont heurts venus du cœur.

« Divin » : Dis vin, dis-moi quelques mots sur tes échanges avec la terre, la pluie, le vent, le soleil...

Ils cognent du haut de leur épaisseur la tête fragile du naïf. Le naïf qui, avant de mourir, crâne fêlé, trouve malgré l'ultime heurt, la force de murmurer en vomissant son sang : un petit chant d'enfant jailli du dedans.

Un pétale d'Ofolie traîne ses fibres mortes au fil d'un caniveau d'eau très sale. Passe près du ruisseau infect, une très jeune fille qui se signe... pour appeler la lumière.

Deux petits se tenant par la main sautillent de case en case pour atteindre le ciel de la marelle. Ils évitent de mettre le pied hors du jeu... ils ont peur du sourire sournois de l'homme qui les observe de l'extérieur.

Hors du moi, pas de salut ! Cela me met hors de moi !

Lorsque la marionnette commence à frissonner, c'est que le cœur du manipulateur est sur le point de lui transmettre son rythme.

Les liens d'amour aliènent ceux qui préfèrent le fil du moi, au fil de soi.

Par-delà toutes confusions : au fil de l'UN.

À la recherche de l'églantine qui croît en mer de glace

Les roses parlent en riant à pétales ouverts !

L'oiseau quitte son support : une branche minus-
cule qui, sous le coup du départ, tremble.

Un scarabée sur le dos... c'est un appel.

« Il a un grain » qui ne veut pas mourir — un
grain apte au lumineux dialogue.

Fier comme un ver qui se sait nécessaire pour aérer la terre.

Immobiliser une goutte de pluie pour sentir, en son intériorité, la vibration qui la fera s'éclater en mille particules en recherche de cohérence.

S'émouvoir : se mouvoir pour que vive la vie.

Goutte de rosée : infime sphère de lumière, transparence vibrante.

Le chant du rossignol vibre aux étoiles.

C'est en pleine conscience que l'eau de la mer porte au loin le chant des baleines.

Le faucon, du haut de son vol en Saint-Esprit, voit le mulot, mais il ne peut percevoir le poison qui a nourri le petit rongeur — les pesticides —. Aussi le faucon est-il en difficulté de survie. A chaque fois que l'homme participe à la destruction d'une espèce, il fait disparaître en son intériorité l'essentiel : la sensibilité sans sensiblerie, cette toute subtile qui sait respecter le vivant.

Toute création humaine doit porter en son sein des vibrations positives, véritables « Tendre vers... la vie », vers l'encore qui doit aboutir à la non-mort par perméabilité.

Le fou sème des grains de sable, en espérant récolter de fructueuses informations.

Un enfant m'a dit : « Lorsque le rossignol chante, les étoiles brillent plus. »

Au centre du cercle d'eau, le bec ouvert de l'oiseau qui se désaltère.

Un brin d'herbe courbé par le vent fort se transforme, d'abord en arc, puis en cercle parfait.

L'odeur forte du goudron qui se liquéfie en plein midi, attire le pétale très rouge du coquelicot qui, encouragé par le vent, vient se coller au centre de la flaque noire.

Marcher jusqu'à sentir l'autre, au plus profond de soi, prendre le relais.

D'une mare recouverte de pétales émerge la tête d'une grenouille ; petite reinette couronnée à fleur de tête.

Il émane du cercle de la coupe de cristal parcouru par le doigt, un chant qui vibre jusqu'à la transparence.

À l'endroit précis où le berger joue du pipeau, les pétales des fleurs sont de couleurs plus vives.

Un oiseau n'est pas une bête ; c'est un ensemble cohérent jusqu'à la beauté qui vole au-dessus des concepts.

Le nénuphar éclaire de sa présence, de sa coupe fleurie, les eaux noires du lac, miroir d'un ciel nocturne sans étoile.

Un grain à peau dorée suinte une goutte filtrée par la lumière.

Un papillon ivre gît sur le sol, immobile, comme mort. Au-dessus de lui, à quelques centimètres, un autre éphémère vole en « saint-esprit » pour le réanimer.

L'Ofolie est une fleur dont les pétales sont imprégnés de toutes les nuances existantes.

La fine tige d'herbe vibre sur le même rythme que la goutte d'eau pleine de lumière, qui se tient en un précaire équilibre au sommet de la tige.

Ton maître intérieur a des ailes dont il se sert, soit pour te caresser, soit pour te cingler, à bon escient toujours.

Le sage recul permet d'embrasser plus et mieux.

L'insignifiant naïf signe le document administratif d'une étoile.

Une caresse de femme, venue du cœur, équivaut à la main de lumière qui effleure la licorne qui vibre sa vie au-delà du miroir.

Au nom du cycle, les merveilleuses nuances de la feuille d'automne sont comme primeurs du jaillir de toutes les essences colorées qu'exprimera le printemps.

Une petite pierre ronde, toute blanche, a roulé sur la paume de ma main, produisant en mon être profond l'éveil aux sphères.

De la rigoureuse structure du cristal de roche, un visage épanoui se détache, lèvres grandes ouvertes sur la lumière qui le désaltère totalement.

Deux pétales de pavot collés l'un à l'autre prennent le vent, sautant un règne le temps d'un souffle, puis se retrouvent sur la terre ferme semblables à un papillon qui dort.

Après avoir absorbé le jus fermenté d'un grain de raisin, le lutin tend ses deux petites mains vers le ciel, comme s'il voulait du bout des doigts toucher les étoiles ; vivre avec elles une relation toute vibrante de qualité.

Rêve de sève : vision de la femme blottie près du cœur de l'arbre, en attente de métamorphose.

La lune qui se baigne dans les eaux noires du lac ressemble, comme sœur jumelle, au petit galet rond et blanc que j'ai recueilli cet après-midi près du torrent.

Empreinte digitale, à fleur de peau.

Sur la voie sacrée, recouverte maintenant de bitume, pousse une espèce de petite fleur rouge appelée : Pérène.

Le créateur humain n'est en fait que le serviteur d'un Dieu qui l'inspire.

Lorsque la main effleure la surface de l'eau, il y a frisson commun, vibration partagée.

Elle ne sait ni lire, ni écrire, pour signer elle dessine une violette, elle préfère cela à la croix.

Soleil sur diamant, ou lorsque les facettes se font
Une par la lumière.

Le pétale de l'églantine mû par le souffle de
l'enfant, communique son émoi aux quatre autres
pétales ; à la fleur tout entière.

Il faut, pour créer, être naïf comme l'enfant qui
croit avoir inventé de toutes pièces un jeu pourtant
connu de tous. Mais si on y regarde de plus près,
peut-être découvrirons-nous que ce jeu comprend
une toute petite différence avec le jeu connu. Et
cette petite différence, inconnue des hommes, est
connue de Dieu.

Profond, sincère, relié dans la qualité au vibrant
qui répercute et le profond et le sincère dans l'univers qui comprend, qui nous comprend.

Goutte de pluie qui se métamorphose en cercle parfait, en effleurant la surface de l'eau.

Un amour sincère, profond, tenace pour la vie, pour cette fragilité est signe de permanence dans notre mouvance.

Il coule dans la rose un « sang bon » qui lorsqu'il s'exprime crée la quintessence.

Sans l'ange gardien les probabilités quant à rester vivant seraient infimes.

Si nous étions plus simples, moins pesants, naïfs :
l'oiseau blessé à l'approche de notre main ne
mourrait pas de frayeur.

La coupe de cristal caressée par le doigt exprime
une cohérence vibrée.

Il y a dans le dépassement par-delà le « moi », un
retour au « soi » régénérateur.

Les nerfs du cygne à fleur d'eau.

Lorsque la main effleure l'eau... renaître dans le
frisson partagé.

Le fleuve où se reflètent et le soleil et la lune, est immobile en sa mouvance.

S'ouvrir pour recevoir et le négatif et le positif ; ne garder que le positif pour le transmettre.

Créer est un jeu divin à la portée de l'homme, à condition qu'il n'oublie jamais, cet infime, que c'est le souffle puissant de Dieu qui l'anime, ce jeu.

L'eau du torrent et la roche ont une relation de sculpteur à modèle.

L'amnésique a signé d'une croix ansée.

Une structure qui relie : le parfum de la rose qui n'a de fade que l'apparence.

L'onde et le vent incitent l'iris d'eau à se mouvoir, à s'émouvoir jusqu'à esquisser une danse hypersensible. Une danse de végétal.

Comme le nid vide, silencieux, qui attend le prochain retour de l'hirondelle au vol puissant de vie mille fois risquée.

Quelle est la nature de l'échange entre le grain de poussière et le rayon de lumière ?

Les vagues font parfois d'un simple galet une sphère parfaite.

Brin d'herbe coupante, petite lame verte et acérée pour le grand vent pourfendeur de pétales...

L'étang frissonnant sous la pluie et le vent, se ride. Une fois le calme revenu, il retrouve son état de miroir lisse apte à réfléchir la lumière du soleil.

Le cri qui surgit des contrées très rudes de l'intérieur de l'être, des profondeurs, trouve réponse en un univers vibrant. L'univers qui comprend.

La tempête ne trouble pas définitivement la magnifique cohérence de l'hirondelle qui affronte l'espace pour que son espèce se perpétue dans le temps.

Morceau de verre tranchant soumis au rythme des vagues devient perle transparente, petite sphère réfléchissant la lumière.

Les ronces d'automne ont des nuances de pourpre... souvenirs persistants d'égratignures.

Lorsque le petit mulot s'envole, c'est pour mourir dans les serres du rapace.

Faire le signe... et sentir la lumière qui émane du centre de la croix.

La goutte d'eau gorgée de lumière, fragile perle, d'autant plus précieuse qu'elle est éphémère.

Le vent sculpte la roche, parfois l'homme trouve figure en cette sculpture.

Lilas, glycine, violette, perce-neige s'expriment de façon toute simple par leur parfum, par leur Essence.

Le ver luisant s'allume en même temps que les étoiles.

Fragile comme le reflet d'un Iris d'eau troublé par la pluie.

Des mains jointes qui dépassent par leur tendre vers... le clocher de l'église.

Deux griffes de lumière égratignent à fleur d'eau la source, pour l'inciter au « jaillir plus ».

Là où le fleuve sacré prend sa source, brûle un feu permanent qui trouve sa substance dans l'air, dans le souffle qui caresse la terre sans cesse.

Le brin d'herbe sous l'impulsion du vent se fait harpe : il chante !

Le reflet de la femme à la surface de l'eau, donne à sa silhouette une impression de grande fragilité. Mais, la femme et l'eau étant intimement compatibles, cette apparente fragilité puise ses forces dans cette relation profonde de qualité.

Coquelicot fragile comme une petite planète rouge perdue dans l'infini des sphères.

La beauté, libérée de tout esthétisme, nous relie dans la qualité au Tout vibrant.

La goutte de pluie lutte contre la pesanteur, jusqu'à devenir perle.

Près de la source danse le feu,
Près de la source vibre l'air,
Près de la source se sent vivre la terre.

Contempler une fleur jusqu'à l'échange, peut te sauver la vie...

J'aime ces roses toutes simples qui me font penser à l'églantine.

La main du naïf n'est pas avide, c'est pourquoi à son approche l'oiseau blessé ne connaît pas le frisson mortel.

Quand la rose se fait simple, quand elle se vide de tout esthétisme, quand elle donne sans retenue son parfum, alors je vois en son centre l'églantine aux cinq pétales fiers.

Il pleut à torrent... la violette dissimulée derrière un buisson de ronces, protégée des gouttes qui pourraient la décapiter, transpire son émotion en offrant quelques gouttes de son essence.

Le naïf assis sur le banc recouvert de neige attend, sans impatience, le moineau qui viendra partager son repas et qui lui apprendra quelques mots de la langue des oiseaux.

De peur de les entendre crier, le naïf ne cueille jamais de fleurs : il se contente de les sentir, de les regarder, au plus de les caresser.

À fleur d'eau le cygne croît en blancheur.

Immobiliser la pluie pour voir, en chacune des petites larmes, un aspect différent de ce que nous offre le vivant vibrant en son immense diversité.

Certaines herbes signent en tranchant !

Par l'escalier, vers la lumière.

Les fleurs coupées ne meurent pas sur le coup, elles agonisent dans la beauté pour nous.

Vol migrateur : le grand « tendre vers »... la Pérennité.

Midi : lorsque la lumière rend immobiles les eaux du torrent.

Si le naïf connaît la langue des oiseaux, c'est parce qu'en lui sa raison raisonne, non pour avoir raison, mais raisonne pour résonner en « résonnance », en harmonie, avec la langue que chante les oiseaux.

Du centre de la Croix inscrite dans l'espace par tes trois doigts joints, émane la lumière qui fait la conscience plus.

Comme un petit enfant qui s'abandonne au rythme fort de la vague qui le berce avec fermeté.

Renaître dans le vol migrateur de l'hirondelle, pour revenir.

Table

*La reproduction photomécanique
et l'impression de ce livre ont été effectuées
par l'Imprimerie Bussière
pour les Éditions Albin Michel*

*Achevé d'imprimer en août 1991.
N° d'édition : 11816. N° d'impression : 1900.
Dépôt légal : septembre 1991.*